다니엘.쓰다

DANIEL WRITE

에이프릴지저스 편집부

일러두기

1. 본서에 사용한 『성경전서 개역개정판』의 저작권은 (재)대한성서공회 소유로 허락을 받고 사용하였습니다.
2. 에이프릴지저스는 하나님이 만드신 세상을, 사진으로 자연스럽게(노필터) 담습니다.

내지 사진 : 이탈리아 돌로미티

개역
개정

다니엘.쓰다

필사는, 정독 중의 정독!
가장 적극적인 성경읽기입니다.

기록자
WRITER

시작일
START DATE

마감일
COMPLETE DATE

다니엘

다니엘은 '하나님은 나의 심판자'라는 뜻입니다.
귀족의 자제인 다니엘은 바벨론의 느브갓네살이 예루살렘을 침공한 주전 605년에 인질로 바벨론에 끌려가게 됩니다.
다니엘서는 구약의 계시록으로 불립니다. 마지막 때에 중요한 예언을 기록하고 있으며 풍부한 예언적 환상들을 담고 있습니다.
다니엘서는 크게 두 부분으로 나뉩니다. 1~6장까지 믿음의 사람이었던 다니엘이 겪은 역사적 사건을 담고 있고, 7~12장까지는 다니엘이 평생에 걸쳐 본 환상과 계시를 기록하고 있습니다. '네 짐승의 환상'과 '숫양과 숫염소의 환상', 그리고 '힛데겔 강 가에서 본 환상'들은 인류의 역사 전개 과정을 보여줍니다.

다니엘서의 핵심 메시지는 '하나님의 백성은 승리한다'입니다. 하나님이 인생과 역사를 다스리기 때문입니다. 다니엘과 다니엘의 세 친구처럼 죽음을 두려워하지 않는 믿음의 사람들에게는 지혜와 능력을 주시며 책임져 주십니다. 하나님은 하나님을 전심으로 바라보고 의지하는 자를 반드시 지키십니다.

다니엘 필사를 통해 '오직 여호와 한 분만이 온 땅의 주인'이심을 다시한번 깨닫는 큰 은혜가 있기를 바랍니다.

이스라엘을 침공한 바벨론(3회)
①B.C. 605년 1차 침공 ②B.C. 597년 2차 침공 ③B.C. 586년 3차 침공

다니엘 구조, 12장 357절

◆ **1-6장**	다니엘의 생애와 사건들	하나님의 통치
◆ **7-12장**	다니엘이 받은 환상들	

예언서

구약 성경의 예언서는 대예언서 5권과 소예언서 12권으로 구성되어 있습니다.(17권)
내용의 중요성에 의한 구분이 아니라 책의 분량에 의해 나눠졌습니다.
◆ 대예언서(5권) : 이사야, 예레미야, 예레미야애가, 에스겔, 다니엘
◆ 소예언서(12권) : 호세아, 요엘, 아모스, 오바댜, 요나, 미가, 나훔, 하박국, 스바냐, 학개, 스가랴, 말라기

예언서의 기록목적

1) 이스라엘의 불신앙과 도덕적 범죄에 대한 책망과 회개를 권유하기 위함.
2) 하나님께서 독생자를 보내 주시어 장차 그를 통해 유대뿐 아니라 온 인류가 구원받게 됨을 예시하기 위함.

왜 필사인가?

필사는 정독 중의 정독입니다. 성경이 말하고자 하는 의미와 말씀이 살아 움직이는 체험을 하고 싶다면 빠르게 성경책을 넘기지 말고 정독하는 것이 좋습니다. 필사는 천천히 한자 한자 정성껏 쓰고 또 확인하며 천천히 읽게 되므로 말씀을 더 깊이 느낄 수 있는 시간이 주어집니다. 그동안 보이지 않았던, 말씀의 한 구절 한 구절이 가슴을 울리며 깊이 다가오는 경험을 갖게 됩니다. **필사라는 가장 적극적인 성경읽기를 통해,** 말씀이 살아 움직임을 느끼고 삶의 변화까지 선물 받는 놀라운 필사의 경험을, 반드시 스스로에게 선물하기를 바랍니다.

왜 모눈(그리드) 인가?

수많은 대부분의 노트들은 줄로 이루어져 있습니다. 줄노트를 쓰는데 있어서 우리는 익숙하고 당연합니다. 하지만, 간격이 정해진 줄노트는 생각의 폭이 줄안에 갇힐수 있으므로 생각 확장이 제한됩니다. 공간 활용에 자유로운 모눈(grid)은, 라인의 색깔이 연하므로 눈이 어지럽지 않고 글씨 정렬 맞추기에 용이합니다. 필사를 하다 보면 노트를 더 예쁘게 만들고 싶을 때가 있습니다. 필사 후, 나에게 주신 말씀을 **색연필, 형광펜으로 밑줄을 긋거나,** 남은 공간에는 자유롭게 묵상 또는 생각을 간략히 적어보세요. 이 모눈노트가 나만의 필사 노트를 꾸미는 것에 도움을 줄 것입니다. **자유로운 필사와 묵상으로 주님과 더욱 친밀해지기를 소망합니다.**

필사하기 전에

1. **[기도] 필사를 시작하기 전에 기도하세요.**
   "내 눈을 열어서 주의 율법에서 놀라운 것을 보게 하소서(시119:18)"
2. **[읽기] 좌측의 성경말씀을 옮겨 적으며 소리 내 필사를 하세요.**
   "오직 여호와의 율법을 즐거워하며(시1:2)"
3. **[묵상] 읽고, 필사한 말씀을 묵상하세요.**
   "너희는 나의 이 말을 너희의 마음과 뜻에 두고 또 그것을 너희의 손목에 매어 기호를 삼고 너희 미간에 붙여 표를 삼으며(신11:18)"
4. **[적용] 말씀을 나의 삶에 적용하세요.**
   "나로 하여금 깨닫게 하여 주소서 내가 주의 법을 준행하며 전심으로 지키리이다(시119:34)"
5. **[기도] 필사 후 기도로 마무리 합니다.**
   "내가 주의 법을 어찌 그리 사랑하는지요 내가 그것을 종일 작은 소리로 읊조리나이다(시119:97)"

다니엘이 말하여 이르되
영원부터 영원까지 하나님의 이름을 찬송할 것은
지혜와 능력이 그에게 있음이로다
그는 때와 계절을 바꾸시며 왕들을 폐하시고 왕들을 세우시며
지혜자에게 지혜를 주시고 총명한 자에게 지식을 주시는도다

다니엘 DANIEL 2:20-21

1장

느부갓네살 왕궁의 소년들

1 유다 왕 여호야김이 다스린 지 삼 년이 되는 해에 바벨론 왕 느부갓네살이
예루살렘에 이르러 성을 에워쌌더니
2 주께서 유다 왕 여호야김과 하나님의 전 그릇 얼마를 그의 손에 넘기시매
그가 그것을 가지고 시날 땅 자기 신들의 신전에 가져다가 그 신들의 보물
창고에 두었더라
3 왕이 환관장 아스부나스에게 말하여 이스라엘 자손 중에서 왕족과 귀족 몇
사람
4 곧 흠이 없고 용모가 아름다우며 모든 지혜를 통찰하며 지식에 통달하며 학
문에 익숙하여 왕궁에 설 만한 소년을 데려오게 하였고 그들에게 갈대아 사
람의 학문과 언어를 가르치게 하였고
5 또 왕이 지정하여 그들에게 왕의 음식과 그가 마시는 포도주에서 날마다
쓸 것을 주어 삼 년을 기르게 하였으니 그 후에 그들은 왕 앞에 서게 될 것
이더라
6 그들 가운데는 유다 자손 곧 다니엘과 하나냐와 미사엘과 아사랴가 있었
더니
7 환관장이 그들의 이름을 고쳐 다니엘은 벨드사살이라 하고 하나냐는 사드
락이라 하고 미사엘은 메삭이라 하고 아사랴는 아벳느고라 하였더라
8 다니엘은 뜻을 정하여 왕의 음식과 그가 마시는 포도주로 자기를 더럽히지
아니하리라 하고 자기를 더럽히지 아니하도록 환관장에게 구하니
9 하나님이 다니엘로 하여금 환관장에게 은혜와 긍휼을 얻게 하신지라
10 환관장이 다니엘에게 이르되 내가 내 주 왕을 두려워하노라 그가 너희 먹을
것과 너희 마실 것을 지정하셨거늘 너희의 얼굴이 초췌하여 같은 또래의 소
년들만 못한 것을 그가 보게 할 것이 무엇이냐 그렇게 되면 너희 때문에 내
머리가 왕 앞에서 위태롭게 되리라 하니라

년 월 일

11 환관장이 다니엘과 하나냐와 미사엘과 아사랴를 감독하게 한 자에게 다니
엘이 말하되

12 청하오니 당신의 종들을 열흘 동안 시험하여 채식을 주어 먹게 하고 물을
주어 마시게 한 후에

13 당신 앞에서 우리의 얼굴과 왕의 음식을 먹는 소년들의 얼굴을 비교하여 보
아서 당신이 보는 대로 종들에게 행하소서 하매

14 그가 그들의 말을 따라 열흘 동안 시험하더니

15 열흘 후에 그들의 얼굴이 더욱 아름답고 살이 더욱 윤택하여 왕의 음식을
먹는 다른 소년들보다 더 좋아 보인지라

16 그리하여 감독하는 자가 그들에게 지정된 음식과 마실 포도주를 제하고 채
식을 주니라

17 하나님이 이 네 소년에게 학문을 주시고 모든 서적을 깨닫게 하시고 지혜를
주셨으니 다니엘은 또 모든 환상과 꿈을 깨달아 알더라

18 왕이 말한 대로 그들을 불러들일 기한이 찼으므로 환관장이 그들을 느부갓
네살 앞으로 데리고 가니

19 왕이 그들과 말하여 보매 무리 중에 다니엘과 하나냐와 미사엘과 아사랴와
같은 자가 없으므로 그들을 왕 앞에 서게 하고

20 왕이 그들에게 모든 일을 묻는 중에 그 지혜와 총명이 온 나라 박수와 술객
보다 십 배나 나은 줄을 아니라

21 다니엘은 고레스 왕 원년까지 있으니라

년 월 일

2장

느부갓네살의 꿈

1 느부갓네살이 다스린 지 이 년이 되는 해에 느부갓네살이 꿈을 꾸고 그로
말미암아 마음이 번민하여 잠을 이루지 못한지라

2 왕이 그의 꿈을 자기에게 알려 주도록 박수와 술객과 점쟁이와 갈대아 술사
를 부르라 말하매 그들이 들어가서 왕의 앞에 선지라

3 왕이 그들에게 이르되 내가 꿈을 꾸고 그 꿈을 알고자 하여 마음이 번민하
도다 하니

4 갈대아 술사들이 아람 말로 왕에게 말하되 왕이여 만수무강 하옵소서 왕께
서 그 꿈을 종들에게 이르시면 우리가 해석하여 드리겠나이다 하는지라

5 왕이 갈대아인들에게 대답하여 이르되 내가 명령을 내렸나니 너희가 만일
꿈과 그 해석을 내게 알게 하지 아니하면 너희 몸을 쪼갤 것이며 너희의 집
을 거름더미로 만들 것이요

6 너희가 만일 꿈과 그 해석을 보이면 너희가 선물과 상과 큰 영광을 내게서
얻으리라 그런즉 꿈과 그 해석을 내게 보이라 하니

7 그들이 다시 대답하여 이르되 원하건대 왕은 꿈을 종들에게 이르소서 그리
하시면 우리가 해석하여 드리겠나이다 하니

8 왕이 대답하여 이르되 내가 분명히 아노라 너희가 나의 명령이 내렸음을 보
았으므로 시간을 지연하려 함이로다

9 너희가 만일 이 꿈을 내게 알게 하지 아니하면 너희를 처치할 법이 오직 하
나이니 이는 너희가 거짓말과 망령된 말을 내 앞에서 꾸며 말하여 때가 변
하기를 기다리려 함이라 이제 그 꿈을 내게 알게 하라 그리하면 너희가 그
해석도 보일 줄을 내가 알리라 하더라

10 갈대아인들이 왕 앞에 대답하여 이르되 세상에는 왕의 그 일을 보일 자가
한 사람도 없으므로 어떤 크고 권력 있는 왕이라도 이런 것으로 박수에게나
술객에게나 갈대아인들에게 물은 자가 없었나이다

년 월 일

11 왕께서 물으신 것은 어려운 일이라 육체와 함께 살지 아니하는 신들 외에는
왕 앞에 그것을 보일 자가 없나이다 한지라
12 왕이 이로 말미암아 진노하고 통분하여 바벨론의 모든 지혜자들을 다 죽이
라 명령하니라
13 왕의 명령이 내리매 지혜자들은 죽게 되었고 다니엘과 그의 친구들도 죽이
려고 찾았더라

다니엘에게 은밀한 것을 보이시다

14 그 때에 왕의 근위대장 아리옥이 바벨론 지혜자들을 죽이러 나가매 다니엘
이 명철하고 슬기로운 말로
15 왕의 근위대장 아리옥에게 물어 이르되 왕의 명령이 어찌 그리 급하냐 하니
아리옥이 그 일을 다니엘에게 알리매
16 다니엘이 들어가서 왕께 구하기를 시간을 주시면 왕에게 그 해석을 알려 드
리리이다 하니라
17 이에 다니엘이 자기 집으로 돌아가서 그 친구 하나냐와 미사엘과 아사랴에
게 그 일을 알리고
18 하늘에 계신 하나님이 이 은밀한 일에 대하여 불쌍히 여기사 다니엘과 친구
들이 바벨론의 다른 지혜자들과 함께 죽임을 당하지 않게 하시기를 그들로
하여금 구하게 하니라
19 이에 이 은밀한 것이 밤에 환상으로 다니엘에게 나타나 보이매 다니엘이 하
늘에 계신 하나님을 찬송하니라
20 다니엘이 말하여 이르되 영원부터 영원까지 하나님의 이름을 찬송할 것은
지혜와 능력이 그에게 있음이로다
21 그는 때와 계절을 바꾸시며 왕들을 폐하시고 왕들을 세우시며 지혜자에게
지혜를 주시고 총명한 자에게 지식을 주시는도다
22 그는 깊고 은밀한 일을 나타내시고 어두운 데에 있는 것을 아시며 또 빛이
그와 함께 있도다

년 월 일

23 나의 조상들의 하나님이여 주께서 이제 내게 지혜와 능력을 주시고 우리가
주께 구한 것을 내게 알게 하셨사오니 내가 주께 감사하고 주를 찬양하나이
다 곧 주께서 왕의 그 일을 내게 보이셨나이다 하니라

24 이에 다니엘은 왕이 바벨론 지혜자들을 죽이라 명령한 아리옥에게로 가서
그에게 이같이 이르되 바벨론 지혜자들을 죽이지 말고 나를 왕의 앞으로 인
도하라 그리하면 내가 그 해석을 왕께 알려 드리리라 하니

다니엘이 꿈을 해석하다

25 이에 아리옥이 다니엘을 데리고 급히 왕 앞에 들어가서 아뢰되 내가 사로잡
혀 온 유다 자손 중에서 한 사람을 찾아내었나이다 그가 그 해석을 왕께 알
려 드리리이다 하니라

26 왕이 대답하여 벨드사살이라 이름한 다니엘에게 이르되 내가 꾼 꿈과 그 해
석을 네가 능히 내게 알게 하겠느냐 하니

27 다니엘이 왕 앞에 대답하여 이르되 왕이 물으신 바 은밀한 것은 지혜자나
술객이나 박수나 점쟁이가 능히 왕께 보일 수 없으되

28 오직 은밀한 것을 나타내실 이는 하늘에 계신 하나님이시라 그가 느부갓네
살 왕에게 후일에 될 일을 알게 하셨나이다 왕의 꿈 곧 왕이 침상에서 머리
속으로 받은 환상은 이러하니이다

29 왕이여 왕이 침상에서 장래 일을 생각하실 때에 은밀한 것을 나타내시는 이
가 장래 일을 왕에게 알게 하셨사오며

30 내게 이 은밀한 것을 나타내심은 내 지혜가 모든 사람보다 낫기 때문이 아
니라 오직 그 해석을 왕에게 알려서 왕이 마음으로 생각하던 것을 왕에게
알려 주려 하심이니이다

31 왕이여 왕이 한 큰 신상을 보셨나이다 그 신상이 왕의 앞에 섰는데 크고 광
채가 매우 찬란하며 그 모양이 심히 두려우니

32 그 우상의 머리는 순금이요 가슴과 두 팔은 은이요 배와 넓적다리는 놋이요

년 월 일

33 그 종아리는 쇠요 그 발은 얼마는 쇠요 얼마는 진흙이었나이다
34 또 왕이 보신즉 손대지 아니한 돌이 나와서 신상의 쇠와 진흙의 발을 쳐서
부서뜨리매
35 그 때에 쇠와 진흙과 놋과 은과 금이 다 부서져 여름 타작 마당의 겨 같이
되어 바람에 불려 간 곳이 없었고 우상을 친 돌은 태산을 이루어 온 세계에
가득하였나이다
36 그 꿈이 이러한즉 내가 이제 그 해석을 왕 앞에 아뢰리이다
37 왕이여 왕은 여러 왕들 중의 왕이시라 하늘의 하나님이 나라와 권세와 능력
과 영광을 왕에게 주셨고
38 사람들과 들짐승과 공중의 새들, 어느 곳에 있는 것을 막론하고 그것들을
왕의 손에 넘기사 다 다스리게 하셨으니 왕은 곧 그 금 머리니이다
39 왕을 뒤이어 왕보다 못한 다른 나라가 일어날 것이요 셋째로 또 놋 같은 나
라가 일어나서 온 세계를 다스릴 것이며
40 넷째 나라는 강하기가 쇠 같으리니 쇠는 모든 물건을 부서뜨리고 이기는 것
이라 쇠가 모든 것을 부수는 것 같이 그 나라가 뭇 나라를 부서뜨리고 찧을
것이며
41 왕께서 그 발과 발가락이 얼마는 토기장이의 진흙이요 얼마는 쇠인 것을 보
셨은즉 그 나라가 나누일 것이며 왕께서 쇠와 진흙이 섞인 것을 보셨은즉
그 나라가 쇠 같은 든든함이 있을 것이나
42 그 발가락이 얼마는 쇠요 얼마는 진흙인즉 그 나라가 얼마는 든든하고 얼마
는 부서질 만할 것이며
43 왕께서 쇠와 진흙이 섞인 것을 보셨은즉 그들이 다른 민족과 서로 섞일 것
이나 그들이 피차에 합하지 아니함이 쇠와 진흙이 합하지 않음과 같으리
이다

년 월 일

44 이 여러 왕들의 시대에 하늘의 하나님이 한 나라를 세우시리니 이것은 영원
히 망하지도 아니할 것이요 그 국권이 다른 백성에게로 돌아가지도 아니할
것이요 도리어 이 모든 나라를 쳐서 멸망시키고 영원히 설 것이라
45 손대지 아니한 돌이 산에서 나와서 쇠와 놋과 진흙과 은과 금을 부서뜨린
것을 왕께서 보신 것은 크신 하나님이 장래 일을 왕께 알게 하신 것이라 이
꿈은 참되고 이 해석은 확실하니이다 하니

왕이 다니엘을 높이다

46 이에 느부갓네살 왕이 엎드려 다니엘에게 절하고 명하여 예물과 향품을 그
에게 주게 하니라
47 왕이 대답하여 다니엘에게 이르되 너희 하나님은 참으로 모든 신들의 신이
시요 모든 왕의 주재시로다 네가 능히 이 은밀한 것을 나타내었으니 네 하
나님은 또 은밀한 것을 나타내시는 이시로다
48 왕이 이에 다니엘을 높여 귀한 선물을 많이 주며 그를 세워 바벨론 온 지방
을 다스리게 하며 또 바벨론 모든 지혜자의 어른을 삼았으며
49 왕이 또 다니엘의 요구대로 사드락과 메삭과 아벳느고를 세워 바벨론 지방
의 일을 다스리게 하였고 다니엘은 왕궁에 있었더라

3장

금 신상 숭배

1 느부갓네살 왕이 금으로 신상을 만들었으니 높이는 육십 규빗이요 너비는
여섯 규빗이라 그것을 바벨론 지방의 두라 평지에 세웠더라

2 느부갓네살 왕이 사람을 보내어 총독과 수령과 행정관과 모사와 재무관과
재판관과 법률사와 각 지방 모든 관원을 느부갓네살 왕이 세운 신상의 낙성
식에 참석하게 하매

3 이에 총독과 수령과 행정관과 모사와 재무관과 재판관과 법률사와 각 지방
모든 관원이 느부갓네살 왕이 세운 신상의 낙성식에 참석하여 느부갓네살
왕이 세운 신상 앞에 서니라

4 선포하는 자가 크게 외쳐 이르되 백성들과 나라들과 각 언어로 말하는 자들
아 왕이 너희 무리에게 명하시나니

5 너희는 나팔과 피리와 수금과 삼현금과 양금과 생황과 및 모든 악기 소리를
들을 때에 엎드리어 느부갓네살 왕이 세운 금 신상에게 절하라

6 누구든지 엎드려 절하지 아니하는 자는 즉시 맹렬히 타는 풀무불에 던져 넣
으리라 하였더라

7 모든 백성과 나라들과 각 언어를 말하는 자들이 나팔과 피리와 수금과 삼현
금과 양금과 및 모든 악기 소리를 듣자 곧 느부갓네살 왕이 세운 금 신상에
게 엎드려 절하니라

다니엘의 세 친구

8 그 때에 어떤 갈대아 사람들이 나아와 유다 사람들을 참소하니라

9 그들이 느부갓네살 왕에게 이르되 왕이여 만수무강 하옵소서

10 왕이여 왕이 명령을 내리사 모든 사람이 나팔과 피리와 수금과 삼현금과 양
금과 생황과 및 모든 악기 소리를 듣거든 엎드려 금 신상에게 절할 것이라

11 누구든지 엎드려 절하지 아니하는 자는 맹렬히 타는 풀무불 가운데에 던져
넣음을 당하리라 하지 아니하셨나이까

년 월 일

12 이제 몇 유다 사람 사드락과 메삭과 아벳느고는 왕이 세워 바벨론 지방을
다스리게 하신 자이거늘 왕이여 이 사람들이 왕을 높이지 아니하며 왕의 신
들을 섬기지 아니하며 왕이 세우신 금 신상에게 절하지 아니하나이다
13 느부갓네살 왕이 노하고 분하여 사드락과 메삭과 아벳느고를 끌어오라 말
하매 드디어 그 사람들을 왕의 앞으로 끌어온지라
14 느부갓네살이 그들에게 물어 이르되 사드락, 메삭, 아벳느고야 너희가 내
신을 섬기지 아니하며 내가 세운 금 신상에게 절하지 아니한다 하니 사실
이냐
15 이제라도 너희가 준비하였다가 나팔과 피리와 수금과 삼현금과 양금과
생황과 및 모든 악기 소리를 들을 때 내가 만든 신상 앞에 엎드려 절하면
좋거니와 너희가 만일 절하지 아니하면 즉시 너희를 맹렬히 타는 풀무불
가운데에 던져 넣을 것이니 능히 너희를 내 손에서 건져낼 신이 누구이겠
느냐 하니
16 사드락과 메삭과 아벳느고가 왕에게 대답하여 이르되 느부갓네살이여 우리
가 이 일에 대하여 왕에게 대답할 필요가 없나이다
17 왕이여 우리가 섬기는 하나님이 계시다면 우리를 맹렬히 타는 풀무불 가운
데에서 능히 건져내시겠고 왕의 손에서도 건져내시리이다
18 그렇게 하지 아니하실지라도 왕이여 우리가 왕의 신들을 섬기지도 아니하
고 왕이 세우신 금 신상에게 절하지도 아니할 줄을 아옵소서

세 친구를 풀무불에 던지다

19 느부갓네살이 분이 가득하여 사드락과 메삭과 아벳느고를 향하여 얼굴빛을
바꾸고 명령하여 이르되 그 풀무불을 뜨겁게 하기를 평소보다 칠 배나 뜨겁
게 하라 하고
20 군대 중 용사 몇 사람에게 명령하여 사드락과 메삭과 아벳느고를 결박하여
극렬히 타는 풀무불 가운데에 던지라 하니라
21 그러자 그 사람들을 겉옷과 속옷과 모자와 다른 옷을 입은 채 결박하여 맹
렬히 타는 풀무불 가운데에 던졌더라

년 월 일

22 왕의 명령이 엄하고 풀무불이 심히 뜨거우므로 불꽃이 사드락과 메삭과 아
벳느고를 붙든 사람을 태워 죽였고
23 이 세 사람 사드락과 메삭과 아벳느고는 결박된 채 맹렬히 타는 풀무불 가
운데에 떨어졌더라

왕이 세 친구를 높이다

24 그 때에 느부갓네살 왕이 놀라 급히 일어나서 모사들에게 물어 이르되 우리
가 결박하여 불 가운데에 던진 자는 세 사람이 아니었느냐 하니 그들이 왕
에게 대답하여 이르되 왕이여 옳소이다 하더라
25 왕이 또 말하여 이르되 내가 보니 결박되지 아니한 네 사람이 불 가운데
로 다니는데 상하지도 아니하였고 그 넷째의 모양은 신들의 아들과 같도
다 하고
26 느부갓네살이 맹렬히 타는 풀무불 아귀 가까이 가서 불러 이르되 지극히 높
으신 하나님의 종 사드락, 메삭, 아벳느고야 나와서 이리로 오라 하매 사드
락과 메삭과 아벳느고가 불 가운데에서 나온지라
27 총독과 지사와 행정관과 왕의 모사들이 모여 이 사람들을 본즉 불이 능히
그들의 몸을 해하지 못하였고 머리털도 그을리지 아니하였고 겉옷 빛도 변
하지 아니하였고 불 탄 냄새도 없었더라
28 느부갓네살이 말하여 이르되 사드락과 메삭과 아벳느고의 하나님을 찬송
할지로다 그가 그의 천사를 보내사 자기를 의뢰하고 그들의 몸을 바쳐 왕의
명령을 거역하고 그 하나님 밖에는 다른 신을 섬기지 아니하며 그에게 절하
지 아니한 종들을 구원하셨도다
29 그러므로 내가 이제 조서를 내리노니 각 백성과 각 나라와 각 언어를 말하
는 자가 모두 사드락과 메삭과 아벳느고의 하나님께 경솔히 말하거든 그 몸
을 쪼개고 그 집을 거름터로 삼을지니 이는 이같이 사람을 구원할 다른 신
이 없음이니라 하더라
30 왕이 드디어 사드락과 메삭과 아벳느고를 바벨론 지방에서 더욱 높이니라

4장

느부갓네살 왕의 두 번째 꿈

1 느부갓네살 왕은 천하에 거주하는 모든 백성들과 나라들과 각 언어를 말하
는 자들에게 조서를 내리노라 원하노니 너희에게 큰 평강이 있을지어다

2 지극히 높으신 하나님이 내게 행하신 이적과 놀라운 일을 내가 알게 하기를
즐겨 하노라

3 참으로 크도다 그의 이적이여, 참으로 능하도다 그의 놀라운 일이여, 그의
나라는 영원한 나라요 그의 통치는 대대에 이르리로다

4 나 느부갓네살이 내 집에 편히 있으며 내 궁에서 평강할 때에

5 한 꿈을 꾸고 그로 말미암아 두려워하였으니 곧 내 침상에서 생각하는 것과
머리 속으로 받은 환상으로 말미암아 번민하였었노라

6 이러므로 내가 명령을 내려 바벨론의 모든 지혜자들을 내 앞으로 불러다가
그 꿈의 해석을 내게 알게 하라 하였더라

7 그 때에 박수와 술객과 갈대아 술사와 점쟁이가 들어왔으므로 내가 그 꿈을
그들에게 말하였으나 그들이 그 해석을 내게 알려 주지 못하였느니라

8 그 후에 다니엘이 내 앞에 들어왔으니 그는 내 신의 이름을 따라 벨드사살
이라 이름한 자요 그의 안에는 거룩한 신들의 영이 있는 자라 내가 그에게
꿈을 말하여 이르되

9 박수장 벨드사살아 네 안에는 거룩한 신들의 영이 있은즉 어떤 은밀한 것이
라도 네게는 어려울 것이 없는 줄을 내가 아노니 내 꿈에 본 환상의 해석을
내게 말하라

10 내가 침상에서 나의 머리 속으로 받은 환상이 이러하니라 내가 본즉 땅의
중앙에 한 나무가 있는 것을 보았는데 높이가 높더니

11 그 나무가 자라서 견고하여지고 그 높이는 하늘에 닿았으니 그 모양이 땅
끝에서도 보이겠고

년 월 일

12 그 잎사귀는 아름답고 그 열매는 많아서 만민의 먹을 것이 될 만하고 들짐
승이 그 그늘에 있으며 공중에 나는 새는 그 가지에 깃들이고 육체를 가진
모든 것이 거기에서 먹을 것을 얻더라

13 내가 침상에서 머리 속으로 받은 환상 가운데에 또 본즉 한 순찰자, 한 거룩
한 자가 하늘에서 내려왔는데

14 그가 소리 질러 이처럼 이르기를 그 나무를 베고 그 가지를 자르고 그 잎사
귀를 떨고 그 열매를 헤치고 짐승들을 그 아래에서 떠나게 하고 새들을 그
가지에서 쫓아내라

15 그러나 그 뿌리의 그루터기를 땅에 남겨 두고 쇠와 놋줄로 동이고 그것을
들 풀 가운데에 두어라 그것이 하늘 이슬에 젖고 땅의 풀 가운데에서 짐승
과 더불어 제 몫을 얻으리라

16 또 그 마음은 변하여 사람의 마음 같지 아니하고 짐승의 마음을 받아 일곱
때를 지내리라

17 이는 순찰자들의 명령대로요 거룩한 자들의 말대로이니 지극히 높으신 이
가 사람의 나라를 다스리시며 자기의 뜻대로 그것을 누구에게든지 주시며
또 지극히 천한 자를 그 위에 세우시는 줄을 사람들이 알게 하려 함이라 하
였느니라

18 나 느부갓네살 왕이 이 꿈을 꾸었나니 너 벨드사살아 그 해석을 밝히 말하
라 내 나라 모든 지혜자가 능히 내게 그 해석을 알게 하지 못하였으나 오직
너는 능히 하리니 이는 거룩한 신들의 영이 네 안에 있음이라

다니엘의 꿈 해석

19 벨드사살이라 이름한 다니엘이 한동안 놀라며 마음으로 번민하는지라 왕이
그에게 말하여 이르기를 벨드사살아 너는 이 꿈과 그 해석으로 말미암아 번
민할 것이 아니니라 벨드사살이 대답하여 이르되 내 주여 그 꿈은 왕을 미
워하는 자에게 응하며 그 해석은 왕의 대적에게 응하기를 원하나이다

20 왕께서 보신 그 나무가 자라서 견고하여지고 그 높이는 하늘에 닿았으니 땅
끝에서도 보이겠고

년 월 일

21 그 잎사귀는 아름답고 그 열매는 많아서 만민의 먹을 것이 될 만하고 들짐
승은 그 아래에 살며 공중에 나는 새는 그 가지에 깃들었나이다

22 왕이여 이 나무는 곧 왕이시라 이는 왕이 자라서 견고하여지고 창대하사 하
늘에 닿으시며 권세는 땅 끝까지 미치심이니이다

23 왕이 보신즉 한 순찰자, 한 거룩한 자가 하늘에서 내려와서 이르기를 그 나
무를 베어 없애라 그러나 그 뿌리의 그루터기는 땅에 남겨 두고 쇠와 놋줄
로 동이고 그것을 들 풀 가운데에 두라 그것이 하늘 이슬에 젖고 또 들짐승
들과 더불어 제 몫을 얻으며 일곱 때를 지내리라 하였나이다

24 왕이여 그 해석은 이러하니이다 곧 지극히 높으신 이가 명령하신 것이 내
주 왕에게 미칠 것이라

25 왕이 사람에게서 쫓겨나서 들짐승과 함께 살며 소처럼 풀을 먹으며 하늘 이
슬에 젖을 것이요 이와 같이 일곱 때를 지낼 것이라 그 때에 지극히 높으신
이가 사람의 나라를 다스리시며 자기의 뜻대로 그것을 누구에게든지 주시
는 줄을 아시리이다

26 또 그들이 그 나무뿌리의 그루터기를 남겨 두라 하였은즉 하나님이 다스리
시는 줄을 왕이 깨달은 후에야 왕의 나라가 견고하리이다

27 그런즉 왕이여 내가 아뢰는 것을 받으시고 공의를 행함으로 죄를 사하고 가
난한 자를 긍휼히 여김으로 죄악을 사하소서 그리하시면 왕의 평안함이 혹
시 장구하리이다 하니라

28 이 모든 일이 다 나 느부갓네살 왕에게 임하였느니라

29 열두 달이 지난 후에 내가 바벨론 왕궁 지붕에서 거닐새

30 나 왕이 말하여 이르되 이 큰 바벨론은 내가 능력과 권세로 건설하여 나의
도성으로 삼고 이것으로 내 위엄의 영광을 나타낸 것이 아니냐 하였더니

31 이 말이 아직도 나 왕의 입에 있을 때에 하늘에서 소리가 내려 이르되 느부
갓네살 왕아 네게 말하노니 나라의 왕위가 네게서 떠났느니라

년 월 일

32 네가 사람에게서 쫓겨나서 들짐승과 함께 살면서 소처럼 풀을 먹을 것이
요 이와 같이 일곱 때를 지내서 지극히 높으신 이가 사람의 나라를 다스리
시며 자기의 뜻대로 그것을 누구에게든지 주시는 줄을 알기까지 이르리라
하더라

33 바로 그 때에 이 일이 나 느부갓네살에게 응하므로 내가 사람에게 쫓겨나서
소처럼 풀을 먹으며 몸이 하늘 이슬에 젖고 머리털이 독수리 털과 같이 자
랐고 손톱은 새 발톱과 같이 되었더라

느부갓네살 왕의 하나님 찬양

34 그 기한이 차매 나 느부갓네살이 하늘을 우러러 보았더니 내 총명이 다시
내게로 돌아온지라 이에 내가 지극히 높으신 이에게 감사하며 영생하시는
이를 찬양하고 경배하였나니 그 권세는 영원한 권세요 그 나라는 대대에 이
르리로다

35 땅의 모든 사람들을 없는 것 같이 여기시며 하늘의 군대에게든지 땅의 사람
에게든지 그는 자기 뜻대로 행하시나니 그의 손을 금하든지 혹시 이르기를
네가 무엇을 하느냐고 할 자가 아무도 없도다

36 그 때에 내 총명이 내게로 돌아왔고 또 내 나라의 영광에 대하여도 내 위엄
과 광명이 내게로 돌아왔고 또 나의 모사들과 관원들이 내게 찾아오니 내가
내 나라에서 다시 세움을 받고 또 지극한 위세가 내게 더하였느니라

37 그러므로 지금 나 느부갓네살은 하늘의 왕을 찬양하며 칭송하며 경배하노
니 그의 일이 다 진실하고 그의 행하심이 의로우시므로 교만하게 행하는 자
를 그가 능히 낮추심이라

년 월 일

5장

벨사살 왕이 잔치를 베풀다

1 벨사살 왕이 그의 귀족 천 명을 위하여 큰 잔치를 베풀고 그 천 명 앞에서 술을 마시니라

2 벨사살이 술을 마실 때에 명하여 그의 부친 느부갓네살이 예루살렘 성전에서 탈취하여 온 금, 은 그릇을 가져오라고 명하였으니 이는 왕과 귀족들과 왕후들과 후궁들이 다 그것으로 마시려 함이었더라

3 이에 예루살렘 하나님의 전 성소 중에서 탈취하여 온 금 그릇을 가져오매 왕이 그 귀족들과 왕후들과 후궁들과 더불어 그것으로 마시더라

4 그들이 술을 마시고는 그 금, 은, 구리, 쇠, 나무, 돌로 만든 신들을 찬양하니라

5 그 때에 사람의 손가락들이 나타나서 왕궁 촛대 맞은편 석회벽에 글자를 쓰는데 왕이 그 글자 쓰는 손가락을 본지라

6 이에 왕의 즐기던 얼굴 빛이 변하고 그 생각이 번민하여 넓적다리 마디가 녹는 듯하고 그의 무릎이 서로 부딪친지라

7 왕이 크게 소리 질러 술객과 갈대아 술사와 점쟁이를 불러오게 하고 바벨론의 지혜자들에게 말하되 누구를 막론하고 이 글자를 읽고 그 해석을 내게 보이면 자주색 옷을 입히고 금사슬을 그의 목에 걸어 주리니 그를 나라의 셋째 통치자로 삼으리라 하니라

8 그 때에 왕의 지혜자가 다 들어왔으나 능히 그 글자를 읽지 못하며 그 해석을 왕께 알려 주지 못하는지라

9 그러므로 벨사살 왕이 크게 번민하여 그의 얼굴빛이 변하였고 귀족들도 다 놀라니라

10 왕비가 왕과 그 귀족들의 말로 말미암아 잔치하는 궁에 들어왔더니 이에 말하여 이르되 왕이여 만수무강 하옵소서 왕의 생각을 번민하게 하지 말며 얼굴빛을 변할 것도 아니니이다

년 월 일

11 왕의 나라에 거룩한 신들의 영이 있는 사람이 있으니 곧 왕의 부친 때에 있
던 자로서 명철과 총명과 지혜가 신들의 지혜와 같은 자니이다 왕의 부친
느부갓네살 왕이 그를 세워 박수와 술객과 갈대아 술사와 점쟁이의 어른을
삼으셨으니
12 왕이 벨드사살이라 이름하는 이 다니엘은 마음이 민첩하고 지식과 총명이
있어 능히 꿈을 해석하며 은밀한 말을 밝히며 의문을 풀 수 있었나이다 이
제 다니엘을 부르소서 그리하시면 그가 그 해석을 알려 드리리이다 하니라

다니엘이 글을 해석하다

13 이에 다니엘이 부름을 받아 왕의 앞에 나오매 왕이 다니엘에게 말하되 네가
나의 부왕이 유다에서 사로잡아 온 유다 자손 중의 그 다니엘이냐
14 내가 네게 대하여 들은즉 네 안에는 신들의 영이 있으므로 네가 명철과 총
명과 비상한 지혜가 있다 하도다
15 지금 여러 지혜자와 술객을 내 앞에 불러다가 그들에게 이 글을 읽고 그 해
석을 내게 알게 하라 하였으나 그들이 다 그 해석을 내게 보이지 못하였느
니라
16 내가 네게 대하여 들은즉 너는 해석을 잘하고 의문을 푼다 하도다 그런즉
이제 네가 이 글을 읽고 그 해석을 내게 알려 주면 네게 자주색 옷을 입히고
금 사슬을 네 목에 걸어 주어 너를 나라의 셋째 통치자로 삼으리라 하니
17 다니엘이 왕에게 대답하여 이르되 왕의 예물은 왕이 친히 가지시며 왕의 상
급은 다른 사람에게 주옵소서 그럴지라도 내가 왕을 위하여 이 글을 읽으며
그 해석을 아뢰리이다
18 왕이여 지극히 높으신 하나님이 왕의 부친 느부갓네살에게 나라와 큰 권세
와 영광과 위엄을 주셨고
19 그에게 큰 권세를 주셨으므로 백성들과 나라들과 언어가 다른 모든 사람들
이 그의 앞에서 떨며 두려워하였으며 그는 임의로 죽이며 임의로 살리며 임
의로 높이며 임의로 낮추었더니

년 월 일

20 그가 마음이 높아지며 뜻이 완악하여 교만을 행하므로 그의 왕위가 폐한 바
되며 그의 영광을 빼앗기고
21 사람 중에서 쫓겨나서 그의 마음이 들짐승의 마음과 같았고 또 들나귀와 함
께 살며 또 소처럼 풀을 먹으며 그의 몸이 하늘 이슬에 젖었으며 지극히 높
으신 하나님이 사람 나라를 다스리시며 자기의 뜻대로 누구든지 그 자리에
세우시는 줄을 알기에 이르렀나이다
22 벨사살이여 왕은 그의 아들이 되어서 이것을 다 알고도 아직도 마음을 낮추
지 아니하고
23 도리어 자신을 하늘의 주재보다 높이며 그의 성전 그릇을 왕 앞으로 가져다
가 왕과 귀족들과 왕후들과 후궁들이 다 그것으로 술을 마시고 왕이 또 보
지도 듣지도 알지도 못하는 금, 은, 구리, 쇠와 나무, 돌로 만든 신상들을 찬
양하고 도리어 왕의 호흡을 주장하시고 왕의 모든 길을 작정하시는 하나님
께는 영광을 돌리지 아니한지라
24 이러므로 그의 앞에서 이 손가락이 나와서 이 글을 기록하였나이다
25 기록된 글자는 이것이니 곧 메네 메네 데겔 우바르신이라
26 그 글을 해석하건대 메네는 하나님이 이미 왕의 나라의 시대를 세어서 그것
을 끝나게 하셨다 함이요
27 데겔은 왕을 저울에 달아 보니 부족함이 보였다 함이요
28 베레스는 왕의 나라가 나뉘어서 메대와 바사 사람에게 준 바 되었다 함이니
이다 하니
29 이에 벨사살이 명하여 그들이 다니엘에게 자주색 옷을 입히게 하며 금 사슬
을 그의 목에 걸어 주고 그를 위하여 조서를 내려 나라의 셋째 통치자로 삼
으니라
30 그 날 밤에 갈대아 왕 벨사살이 죽임을 당하였고
31 메대 사람 다리오가 나라를 얻었는데 그 때에 다리오는 육십이 세였더라

6장

사자 굴 속의 다니엘

1 다리오가 자기의 뜻대로 고관 백이십 명을 세워 전국을 통치하게 하고

2 또 그들 위에 총리 셋을 두었으니 다니엘이 그 중의 하나이라 이는 고관들
로 총리에게 자기의 직무를 보고하게 하여 왕에게 손해가 없게 하려 함이었
더라

3 다니엘은 마음이 민첩하여 총리들과 고관들 위에 뛰어나므로 왕이 그를 세
워 전국을 다스리게 하고자 한지라

4 이에 총리들과 고관들이 국사에 대하여 다니엘을 고발할 근거를 찾고자 하
였으나 아무 근거, 아무 허물도 찾지 못하였으니 이는 그가 충성되어 아무
그릇됨도 없고 아무 허물도 없음이었더라

5 그들이 이르되 이 다니엘은 그 하나님의 율법에서 근거를 찾지 못하면 그를
고발할 수 없으리라 하고

6 이에 총리들과 고관들이 모여 왕에게 나아가서 그에게 말하되 다리오 왕이
여 만수무강 하옵소서

7 나라의 모든 총리와 지사와 총독과 법관과 관원이 의논하고 왕에게 한 법
률을 세우며 한 금령을 정하실 것을 구하나이다 왕이여 그것은 곧 이제부터
삼십일 동안에 누구든지 왕 외의 어떤 신에게나 사람에게 무엇을 구하면 사
자 굴에 던져 넣기로 한 것이니이다

8 그런즉 왕이여 원하건대 금령을 세우시고 그 조서에 왕의 도장을 찍어 메대
와 바사의 고치지 아니하는 규례를 따라 그것을 다시 고치지 못하게 하옵소
서 하매

9 이에 다리오 왕이 조서에 왕의 도장을 찍어 금령을 내니라

10 다니엘이 이 조서에 왕의 도장이 찍힌 것을 알고도 자기 집에 돌아가서는
윗방에 올라가 예루살렘으로 향한 창문을 열고 전에 하던 대로 하루 세 번
씩 무릎을 꿇고 기도하며 그의 하나님께 감사하였더라

11 그 무리들이 모여서 다니엘이 자기 하나님 앞에 기도하며 간구하는 것을 발
견하고
12 이에 그들이 나아가서 왕의 금령에 관하여 왕께 아뢰되 왕이여 왕이 이미
금령에 왕의 도장을 찍어서 이제부터 삼십 일 동안에는 누구든지 왕 외의
어떤 신에게나 사람에게 구하면 사자 굴에 던져 넣기로 하지 아니하였나이
까 하니 왕이 대답하여 이르되 이 일이 확실하니 메대와 바사의 고치지 못
하는 규례니라 하는지라
13 그들이 왕 앞에서 말하여 이르되 왕이여 사로잡혀 온 유다 자손 중에 다니
엘이 왕과 왕의 도장이 찍힌 금령을 존중하지 아니하고 하루 세 번씩 기도
하나이다 하니
14 왕이 이 말을 듣고 그로 말미암아 심히 근심하여 다니엘을 구원하려고 마음
을 쓰며 그를 건져내려고 힘을 다하다가 해가 질 때에 이르렀더라
15 그 무리들이 또 모여 왕에게로 나아와서 왕께 말하되 왕이여 메대와 바사의
규례를 아시거니와 왕께서 세우신 금령과 법도는 고치지 못할 것이니이다
하니
16 이에 왕이 명령하매 다니엘을 끌어다가 사자 굴에 던져 넣는지라 왕이 다니
엘에게 이르되 네가 항상 섬기는 너의 하나님이 너를 구원하시리라 하니라
17 이에 돌을 굴려다가 굴 어귀를 막으매 왕이 그의 도장과 귀족들의 도장으로
봉하였으니 이는 다니엘에 대한 조치를 고치지 못하게 하려 함이었더라
18 왕이 궁에 돌아가서는 밤이 새도록 금식하고 그 앞에 오락을 그치고 잠자기
를 마다하니라
19 이튿날에 왕이 새벽에 일어나 급히 사자 굴로 가서
20 다니엘이 든 굴에 가까이 이르러서 슬피 소리 질러 다니엘에게 묻되 살아
계시는 하나님의 종 다니엘아 네가 항상 섬기는 네 하나님이 사자들에게서
능히 너를 구원하셨느냐 하니라
21 다니엘이 왕에게 아뢰되 왕이여 원하건대 왕은 만수무강 하옵소서

22 나의 하나님이 이미 그의 천사를 보내어 사자들의 입을 봉하셨으므로 사자
들이 나를 상해하지 못하였사오니 이는 나의 무죄함이 그 앞에 명백함이오
며 또 왕이여 나는 왕에게도 해를 끼치지 아니하였나이다 하니라

23 왕이 심히 기뻐서 명하여 다니엘을 굴에서 올리라 하매 그들이 다니엘을 굴
에서 올린즉 그의 몸이 조금도 상하지 아니하였으니 이는 그가 자기의 하나
님을 믿음이었더라

24 왕이 말하여 다니엘을 참소한 사람들을 끌어오게 하고 그들을 그들의 처자
들과 함께 사자 굴에 던져 넣게 하였더니 그들이 굴 바닥에 닿기도 전에 사
자들이 곧 그들을 움켜서 그 뼈까지도 부서뜨렸더라

25 이에 다리오 왕이 온 땅에 있는 모든 백성과 나라들과 언어가 다른 모든 사
람들에게 조서를 내려 이르되 원하건대 너희에게 큰 평강이 있을지어다

26 내가 이제 조서를 내리노라 내 나라 관할 아래에 있는 사람들은 다 다니엘
의 하나님 앞에서 떨며 두려워할지니 그는 살아 계시는 하나님이시요 영원
히 변하지 않으실 이시며 그의 나라는 멸망하지 아니할 것이요 그의 권세는
무궁할 것이며

27 그는 구원도 하시며 건져내기도 하시며 하늘에서든지 땅에서든지 이적과
기사를 행하시는 이로서 다니엘을 구원하여 사자의 입에서 벗어나게 하셨
음이라 하였더라

28 이 다니엘이 다리오 왕의 시대와 바사 사람 고레스 왕의 시대에 형통하였
더라

년 월 일

7장

네 짐승 환상

1 바벨론 벨사살 왕 원년에 다니엘이 그의 침상에서 꿈을 꾸며 머리 속으로
환상을 받고 그 꿈을 기록하며 그 일의 대략을 진술하니라

2 다니엘이 진술하여 이르되 내가 밤에 환상을 보았는데 하늘의 네 바람이 큰
바다로 몰려 불더니

3 큰 짐승 넷이 바다에서 나왔는데 그 모양이 각각 다르더라

4 첫째는 사자와 같은데 독수리의 날개가 있더니 내가 보는 중에 그 날개가
뽑혔고 또 땅에서 들려서 사람처럼 두 발로 서게 함을 받았으며 또 사람의
마음을 받았더라 또 보니

5 다른 짐승 곧 둘째는 곰과 같은데 그것이 몸 한쪽을 들었고 그 입의 잇사이
에는 세 갈빗대가 물렸는데 그것에게 말하는 자들이 있어 이르기를 일어나
서 많은 고기를 먹으라 하였더라

6 그 후에 내가 또 본즉 다른 짐승 곧 표범과 같은 것이 있는데 그 등에는 새
의 날개 넷이 있고 그 짐승에게 또 머리 넷이 있으며 권세를 받았더라

7 내가 밤 환상 가운데에 그 다음에 본 넷째 짐승은 무섭고 놀라우며 또 매우
강하며 또 쇠로 된 큰 이가 있어서 먹고 부서뜨리고 그 나머지를 발로 밟았
으며 이 짐승은 전의 모든 짐승과 다르고 또 열 뿔이 있더라

8 내가 그 뿔을 유심히 보는 중에 다른 작은 뿔이 그 사이에서 나더니 첫 번째
뿔 중의 셋이 그 앞에서 뿌리까지 뽑혔으며 이 작은 뿔에는 사람의 눈 같은
눈들이 있고 또 입이 있어 큰 말을 하였더라

옛적부터 항상 계신 자

9 내가 보니 왕좌가 놓이고 옛적부터 항상 계신 이가 좌정하셨는데 그의 옷은
희기가 눈 같고 그의 머리털은 깨끗한 양의 털 같고 그의 보좌는 불꽃이요
그의 바퀴는 타오르는 불이며

10 불이 강처럼 흘러 그의 앞에서 나오며 그를 섬기는 자는 천천이요 그 앞에
서 모셔 선 자는 만만이며 심판을 베푸는데 책들이 펴 놓였더라

년 월 일

11 그 때에 내가 작은 뿔이 말하는 큰 목소리로 말미암아 주목하여 보는 사이
에 짐승이 죽임을 당하고 그의 시체가 상한 바 되어 타오르는 불에 던져졌
으며

12 그 남은 짐승들은 그의 권세를 빼앗겼으나 그 생명은 보존되어 정한 시기가
이르기를 기다리게 되었더라

13 내가 또 밤 환상 중에 보니 인자 같은 이가 하늘 구름을 타고 와서 옛적부터
항상 계신 이에게 나아가 그 앞으로 인도되매

14 그에게 권세와 영광과 나라를 주고 모든 백성과 나라들과 다른 언어를 말하
는 모든 자들이 그를 섬기게 하였으니 그의 권세는 소멸되지 아니하는 영원
한 권세요 그의 나라는 멸망하지 아니할 것이니라

환상 해석

15 나 다니엘이 중심에 근심하며 내 머리 속의 환상이 나를 번민하게 한지라

16 내가 그 곁에 모셔 선 자들 중 하나에게 나아가서 이 모든 일의 진상을 물으
매 그가 내게 말하여 그 일의 해석을 알려 주며 이르되

17 그 네 큰 짐승은 세상에 일어날 네 왕이라

18 지극히 높으신 이의 성도들이 나라를 얻으리니 그 누림이 영원하고 영원하
고 영원하리라

19 이에 내가 넷째 짐승에 관하여 확실히 알고자 하였으니 곧 그것은 모든 짐
승과 달라서 심히 무섭더라 그 이는 쇠요 그 발톱은 놋이니 먹고 부서뜨리
고 나머지는 발로 밟았으며

20 또 그것의 머리에는 열 뿔이 있고 그 외에 또 다른 뿔이 나오매 세 뿔이 그
앞에서 빠졌으며 그 뿔에는 눈도 있고 큰 말을 하는 입도 있고 그 모양이 그
의 동류보다 커 보이더라

21 내가 본즉 이 뿔이 성도들과 더불어 싸워 그들에게 이겼더니

22 옛적부터 항상 계신 이가 와서 지극히 높으신 이의 성도들을 위하여 원한을
풀어 주셨고 때가 이르매 성도들이 나라를 얻었더라

년 월 일

23 모신 자가 이처럼 이르되 넷째 짐승은 곧 땅의 넷째 나라인데 이는 다른 나
라들과는 달라서 온 천하를 삼키고 밟아 부서뜨릴 것이며
24 그 열 뿔은 그 나라에서 일어날 열 왕이요 그 후에 또 하나가 일어나리니 그
는 먼저 있던 자들과 다르고 또 세 왕을 복종시킬 것이며
25 그가 장차 지극히 높으신 이를 말로 대적하며 또 지극히 높으신 이의 성도
를 괴롭게 할 것이며 그가 또 때와 법을 고치고자 할 것이며 성도들은 그의
손에 붙인 바 되어 한 때와 두 때와 반 때를 지내리라
26 그러나 심판이 시작되면 그는 권세를 빼앗기고 완전히 멸망할 것이요
27 나라와 권세와 온 천하 나라들의 위세가 지극히 높으신 이의 거룩한 백성에
게 붙인 바 되리니 그의 나라는 영원한 나라이라 모든 권세 있는 자들이 다
그를 섬기며 복종하리라
28 그 말이 이에 그친지라 나 다니엘은 중심에 번민하였으며 내 얼굴빛이 변하
였으나 내가 이 일을 마음에 간직하였느니라

8장

숫양과 숫염소의 환상

1 나 다니엘에게 처음에 나타난 환상 후 벨사살 왕 제삼년에 다시 한 환상이
나타나니라

2 내가 환상을 보았는데 내가 그것을 볼 때에 내 몸은 엘람 지방 수산 성에 있
었고 내가 환상을 보기는 을래 강변에서이니라

3 내가 눈을 들어 본즉 강 가에 두 뿔 가진 숫양이 섰는데 그 두 뿔이 다 길었
으며 그 중 한 뿔은 다른 뿔보다 길었고 그 긴 것은 나중에 난 것이더라

4 내가 본즉 그 숫양이 서쪽과 북쪽과 남쪽을 향하여 받으나 그것을 당할 짐
승이 하나도 없고 그 손에서 구할 자가 없으므로 그것이 원하는 대로 행하
고 강하여졌더라

5 내가 생각할 때에 한 숫염소가 서쪽에서부터 와서 온 지면에 두루 다니되
땅에 닿지 아니하며 그 염소의 두 눈 사이에는 현저한 뿔이 있더라

6 그것이 두 뿔 가진 숫양 곧 내가 본 바 강 가에 섰던 양에게로 나아가되 분
노한 힘으로 그것에게로 달려가더니

7 내가 본즉 그것이 숫양에게로 가까이 나아가서는 더욱 성내어 그 숫양을 쳐
서 그 두 뿔을 꺾으나 숫양에게는 그것을 대적할 힘이 없으므로 그것이 숫
양을 땅에 엎드러뜨리고 짓밟았으나 숫양을 그 손에서 벗어나게 할 자가 없
었더라

8 숫염소가 스스로 심히 강대하여 가더니 강성할 때에 그 큰 뿔이 꺾이고 그
대신에 현저한 뿔 넷이 하늘 사방을 향하여 났더라

9 그 중 한 뿔에서 또 작은 뿔 하나가 나서 남쪽과 동쪽과 또 영화로운 땅을
향하여 심히 커지더니

10 그것이 하늘 군대에 미칠 만큼 커져서 그 군대와 별들 중의 몇을 땅에 떨어
뜨리고 그것들을 짓밟고

11 또 스스로 높아져서 군대의 주재를 대적하며 그에게 매일 드리는 제사를 없
애 버렸고 그의 성소를 헐었으며

년 월 일

12 그의 악으로 말미암아 백성이 매일 드리는 제사가 넘긴 바 되었고 그것이
또 진리를 땅에 던지며 자의로 행하여 형통하였더라

13 내가 들은즉 한 거룩한 이가 말하더니 다른 거룩한 이가 그 말하는 이에게
묻되 환상에 나타난 바 매일 드리는 제사와 망하게 하는 죄악에 대한 일과
성소와 백성이 내준 바 되며 짓밟힐 일이 어느 때까지 이를꼬 하매

14 그가 내게 이르되 이천삼백 주야까지니 그 때에 성소가 정결하게 되리라 하
였느니라

가브리엘 천사가 환상을 깨닫게 하다

15 나 다니엘이 이 환상을 보고 그 뜻을 알고자 할 때에 사람 모양 같은 것이
내 앞에 섰고

16 내가 들은즉 을래 강 두 언덕 사이에서 사람의 목소리가 있어 외쳐 이르되
가브리엘아 이 환상을 이 사람에게 깨닫게 하라 하더니

17 그가 내가 선 곳으로 나왔는데 그가 나올 때에 내가 두려워서 얼굴을 땅에
대고 엎드리매 그가 내게 이르되 인자야 깨달아 알라 이 환상은 정한 때 끝
에 관한 것이니라

18 그가 내게 말할 때에 내가 얼굴을 땅에 대고 엎드리어 깊이 잠들매 그가 나
를 어루만져서 일으켜 세우며

19 이르되 진노하시는 때가 마친 후에 될 일을 내가 네게 알게 하리니 이 환상
은 정한 때 끝에 관한 것임이라

20 네가 본 바 두 뿔 가진 숫양은 곧 메대와 바사 왕들이요

21 털이 많은 숫염소는 곧 헬라 왕이요 그의 두 눈 사이에 있는 큰 뿔은 곧 그
첫째 왕이요

22 이 뿔이 꺾이고 그 대신에 네 뿔이 났은즉 그 나라 가운데에서 네 나라가 일
어나되 그의 권세만 못하리라

23 이 네 나라 마지막 때에 반역자들이 가득할 즈음에 한 왕이 일어나리니 그
얼굴은 뻔뻔하며 속임수에 능하며

년 월 일

24 그 권세가 강할 것이나 자기의 힘으로 말미암은 것이 아니며 그가 장차 놀
랍게 파괴 행위를 하고 자의로 행하여 형통하며 강한 자들과 거룩한 백성을
멸하리라
25 그가 꾀를 베풀어 제 손으로 속임수를 행하고 마음에 스스로 큰 체하며 또
평화로운 때에 많은 무리를 멸하며 또 스스로 서서 만왕의 왕을 대적할 것
이나 그가 사람의 손으로 말미암지 아니하고 깨지리라
26 이미 말한 바 주야에 대한 환상은 확실하니 너는 그 환상을 간직하라 이는
여러 날 후의 일임이라 하더라
27 이에 나 다니엘이 지쳐서 여러 날 앓다가 일어나서 왕의 일을 보았느니라
내가 그 환상으로 말미암아 놀랐고 그 뜻을 깨닫는 사람도 없었느니라

년 월 일

9장

다니엘의 기도

1 메대 족속 아하수에로의 아들 다리오가 갈대아 나라 왕으로 세움을 받던 첫 해

2 곧 그 통치 원년에 나 다니엘이 책을 통해 여호와께서 말씀으로 선지자 예레미야에게 알려 주신 그 연수를 깨달았나니 곧 예루살렘의 황폐함이 칠십 년만에 그치리라 하신 것이니라

3 내가 금식하며 베옷을 입고 재를 덮어쓰고 주 하나님께 기도하며 간구하기를 결심하고

4 내 하나님 여호와께 기도하며 자복하여 이르기를 크시고 두려워할 주 하나님, 주를 사랑하고 주의 계명을 지키는 자를 위하여 언약을 지키시고 그에게 인자를 베푸시는 이시여

5 우리는 이미 범죄하여 패역하며 행악하며 반역하여 주의 법도와 규례를 떠났사오며

6 우리가 또 주의 종 선지자들이 주의 이름으로 우리의 왕들과 우리의 고관과 조상들과 온 국민에게 말씀한 것을 듣지 아니하였나이다

7 주여 공의는 주께로 돌아가고 수치는 우리 얼굴로 돌아옴이 오늘과 같아서 유다 사람들과 예루살렘 거민들과 이스라엘이 가까운 곳에 있는 자들이나 먼 곳에 있는 자들이 다 주께서 쫓아내신 각국에서 수치를 당하였사오니 이는 그들이 주께 죄를 범하였음이니이다

8 주여 수치가 우리에게 돌아오고 우리의 왕들과 우리의 고관과 조상들에게 돌아온 것은 우리가 주께 범죄하였음이니이다 마는

9 주 우리 하나님께는 긍휼과 용서하심이 있사오니 이는 우리가 주께 패역하였음이오며

10 우리 하나님 여호와의 목소리를 듣지 아니하며 여호와께서 그의 종 선지자들에게 부탁하여 우리 앞에 세우신 율법을 행하지 아니하였음이니이다

년 월 일

11 온 이스라엘이 주의 율법을 범하고 치우쳐 가서 주의 목소리를 듣지 아니하
였으므로 이 저주가 우리에게 내렸으되 곧 하나님의 종 모세의 율법에 기록
된 맹세대로 되었사오니 이는 우리가 주께 범죄하였음이니이다

12 주께서 큰 재앙을 우리에게 내리사 우리와 및 우리를 재판하던 재판관을 쳐
서 하신 말씀을 이루셨사오니 온 천하에 예루살렘에서 일어난 일 같은 것이
없나이다

13 모세의 율법에 기록된 대로 이 모든 재앙이 이미 우리에게 내렸사오나 우리
는 우리의 죄악을 떠나고 주의 진리를 깨달아 우리 하나님 여호와의 얼굴을
기쁘게 하지 아니하였나이다

14 그러므로 여호와께서 이 재앙을 간직하여 두셨다가 우리에게 내리게 하셨
사오니 우리의 하나님 여호와께서 행하시는 모든 일이 공의로우시나 우리
가 그 목소리를 듣지 아니하였음이니이다

15 강한 손으로 주의 백성을 애굽 땅에서 인도하여 내시고 오늘과 같이 명성을
얻으신 우리 주 하나님이여 우리는 범죄하였고 악을 행하였나이다

16 주여 구하옵나니 주는 주의 공의를 따라 주의 분노를 주의 성 예루살렘, 주
의 거룩한 산에서 떠나게 하옵소서 이는 우리의 죄와 우리 조상들의 죄악으
로 말미암아 예루살렘과 주의 백성이 사면에 있는 자들에게 수치를 당함이
니이다

17 그러하온즉 우리 하나님이여 지금 주의 종의 기도와 간구를 들으시고 주를
위하여 주의 얼굴 빛을 주의 황폐한 성소에 비추시옵소서

18 나의 하나님이여 귀를 기울여 들으시며 눈을 떠서 우리의 황폐한 상황과 주
의 이름으로 일컫는 성을 보옵소서 우리가 주 앞에 간구하옵는 것은 우리의
공의를 의지하여 하는 것이 아니요 주의 큰 긍휼을 의지하여 함이니이다

19 주여 들으소서 주여 용서하소서 주여 귀를 기울이시고 행하소서 지체하지
마옵소서 나의 하나님이여 주 자신을 위하여 하시옵소서 이는 주의 성과 주
의 백성이 주의 이름으로 일컫는 바 됨이니이다

년 월 일

가브리엘이 환상을 설명하다

20 내가 이같이 말하여 기도하며 내 죄와 내 백성 이스라엘의 죄를 자복하고
내 하나님의 거룩한 산을 위하여 내 하나님 여호와 앞에 간구할 때

21 곧 내가 기도할 때에 이전에 환상 중에 본 그 사람 가브리엘이 빨리 날아서
저녁 제사를 드릴 때 즈음에 내게 이르더니

22 내게 가르치며 내게 말하여 이르되 다니엘아 내가 이제 네게 지혜와 총명을
주려고 왔느니라

23 곧 네가 기도를 시작할 즈음에 명령이 내렸으므로 이제 네게 알리러 왔느니
라 너는 크게 은총을 입은 자라 그런즉 너는 이 일을 생각하고 그 환상을 깨
달을지니라

24 네 백성과 네 거룩한 성을 위하여 일흔 이레를 기한으로 정하였나니 허물이
그치며 죄가 끝나며 죄악이 용서되며 영원한 의가 드러나며 환상과 예언이
응하며 또 지극히 거룩한 이가 기름 부음을 받으리라

25 그러므로 너는 깨달아 알지니라 예루살렘을 중건하라는 영이 날 때부터 기
름 부음을 받은 자 곧 왕이 일어나기까지 일곱 이레와 예순두 이레가 지날
것이요 그 곤란한 동안에 성이 중건되어 광장과 거리가 세워질 것이며

26 예순두 이레 후에 기름 부음을 받은 자가 끊어져 없어질 것이며 장차 한 왕
의 백성이 와서 그 성읍과 성소를 무너뜨리려니와 그의 마지막은 홍수에 휩
쓸림 같을 것이며 또 끝까지 전쟁이 있으리니 황폐할 것이 작정되었느니라

27 그가 장차 많은 사람들과 더불어 한 이레 동안의 언약을 굳게 맺고 그가 그
이레의 절반에 제사와 예물을 금지할 것이며 또 포악하여 가증한 것이 날개
를 의지하여 설 것이며 또 이미 정한 종말까지 진노가 황폐하게 하는 자에
게 쏟아지리라 하였느니라 하니라

년 월 일

10장

힛데겔 강 가에서 본 환상

1 바사 왕 고레스 제삼년에 한 일이 벨드사살이라 이름한 다니엘에게 나타났
는데 그 일이 참되니 곧 큰 전쟁에 관한 것이라 다니엘이 그 일을 분명히 알
았고 그 환상을 깨달으니라

2 그 때에 나 다니엘이 세 이레 동안을 슬퍼하며

3 세 이레가 차기까지 좋은 떡을 먹지 아니하며 고기와 포도주를 입에 대지
아니하며 또 기름을 바르지 아니하니라

4 첫째 달 이십사일에 내가 힛데겔이라 하는 큰 강 가에 있었는데

5 그 때에 내가 눈을 들어 바라본즉 한 사람이 세마포 옷을 입었고 허리에는
우바스 순금 띠를 띠었더라

6 또 그의 몸은 황옥 같고 그의 얼굴은 번갯빛 같고 그의 눈은 횃불 같고 그의
팔과 발은 빛난 놋과 같고 그의 말소리는 무리의 소리와 같더라

7 이 환상을 나 다니엘이 홀로 보았고 나와 함께 한 사람들은 이 환상은 보지
못하였어도 그들이 크게 떨며 도망하여 숨었느니라

8 그러므로 나만 홀로 있어서 이 큰 환상을 볼 때에 내 몸에 힘이 빠졌고 나의
아름다운 빛이 변하여 썩은 듯하였고 나의 힘이 다 없어졌으나

9 내가 그의 음성을 들었는데 그의 음성을 들을 때에 내가 얼굴을 땅에 대고
깊이 잠들었느니라

10 한 손이 있어 나를 어루만지기로 내가 떨었더니 그가 내 무릎과 손바닥이
땅에 닿게 일으키고

11 내게 이르되 큰 은총을 받은 사람 다니엘아 내가 네게 이르는 말을 깨닫고
일어서라 내가 네게 보내심을 받았느니라 하더라 그가 내게 이 말을 한 후
에 내가 떨며 일어서니

12 그가 내게 이르되 다니엘아 두려워하지 말라 네가 깨달으려 하여 네 하나님
앞에 스스로 겸비하게 하기로 결심하던 첫날부터 네 말이 응답 받았으므로
내가 네 말로 말미암아 왔느니라

13 그런데 바사 왕국의 군주가 이십일 일 동안 나를 막았으므로 내가 거기 바
사 왕국의 왕들과 함께 머물러 있더니 가장 높은 군주 중 하나인 미가엘이
와서 나를 도와 주므로

14 이제 내가 마지막 날에 네 백성이 당할 일을 네게 깨닫게 하러 왔노라 이는
이 환상이 오랜 후의 일임이라 하더라

15 그가 이런 말로 내게 이를 때에 내가 곧 얼굴을 땅에 향하고 말문이 막혔
더니

16 인자와 같은 이가 있어 내 입술을 만진지라 내가 곧 입을 열어 내 앞에 서
있는 자에게 말하여 이르되 내 주여 이 환상으로 말미암아 근심이 내게 더
하므로 내가 힘이 없어졌나이다

17 내 몸에 힘이 없어졌고 호흡이 남지 아니하였사오니 내 주의 이 종이 어찌
능히 내 주와 더불어 말씀할 수 있으리이까 하니

18 또 사람의 모양 같은 것 하나가 나를 만지며 나를 강건하게 하여

19 이르되 큰 은총을 받은 사람이여 두려워하지 말라 평안하라 강건하라 강건
하라 그가 이같이 내게 말하매 내가 곧 힘이 나서 이르되 내 주께서 나를 강
건하게 하셨사오니 말씀하옵소서

20 그가 이르되 내가 어찌하여 네게 왔는지 네가 아느냐 이제 내가 돌아가서
바사 군주와 싸우려니와 내가 나간 후에는 헬라의 군주가 이를 것이라

21 오직 내가 먼저 진리의 글에 기록된 것으로 네게 보이리라 나를 도와서 그
들을 대항할 자는 너희의 군주 미가엘뿐이니라

년 월 일

11장

1 내가 또 메대 사람 다리오 원년에 일어나 그를 도와서 그를 강하게 한 일이
있었느니라

남방 왕과 북방 왕이 싸우리라

2 이제 내가 참된 것을 네게 보이리라 보라 바사에서 또 세 왕들이 일어날 것
이요 그 후의 넷째는 그들보다 심히 부요할 것이며 그가 그 부요함으로 강
하여진 후에는 모든 사람을 충동하여 헬라 왕국을 칠 것이며

3 장차 한 능력 있는 왕이 일어나서 큰 권세로 다스리며 자기 마음대로 행하
리라

4 그러나 그가 강성할 때에 그의 나라가 갈라져 천하 사방에 나누일 것이나
그의 자손에게로 돌아가지도 아니할 것이요 또 자기가 주장하던 권세대로
도 되지 아니하리니 이는 그 나라가 뽑혀서 그 외의 다른 사람들에게로 돌
아갈 것임이라

5 남방의 왕들은 강할 것이나 그 군주들 중 하나는 그보다 강하여 권세를 떨
치리니 그의 권세가 심히 클 것이요

6 몇 해 후에 그들이 서로 단합하리니 곧 남방 왕의 딸이 북방 왕에게 가서 화
친하리라 그러나 그 공주의 힘이 쇠하고 그 왕은 서지도 못하며 권세가 없
어질 뿐 아니라 그 공주와 그를 데리고 온 자와 그를 낳은 자와 그 때에 도
와 주던 자가 다 버림을 당하리라

7 그러나 그 공주의 본 족속에게서 난 자 중의 한 사람이 왕위를 이어 권세를
받아 북방 왕의 군대를 치러 와서 그의 성에 들어가서 그들을 쳐서 이기고

8 그 신들과 부어 만든 우상들과 은과 금의 아름다운 그릇들은 다 노략하여
애굽으로 가져갈 것이요 몇 해 동안은 그가 북방 왕을 치지 아니하리라

9 북방 왕이 남방 왕의 왕국으로 쳐들어갈 것이나 자기 본국으로 물러가리라

10 그러나 그의 아들들이 전쟁을 준비하고 심히 많은 군대를 모아서 물이 넘침
같이 나아올 것이며 그가 또 와서 남방 왕의 견고한 성까지 칠 것이요

년 월 일

11 남방 왕은 크게 노하여 나와서 북방 왕과 싸울 것이라 북방 왕이 큰 무리를
일으킬 것이나 그 무리는 그의 손에 넘겨 준 바 되리라

12 그가 큰 무리를 사로잡은 후에 그의 마음이 스스로 높아져서 수만 명을 엎
드러뜨릴 것이나 그 세력은 더하지 못할 것이요

13 북방 왕은 돌아가서 다시 군대를 전보다 더 많이 준비하였다가 몇 때 곧 몇
해 후에 대군과 많은 물건을 거느리고 오리라

14 그 때에 여러 사람이 일어나서 남방 왕을 칠 것이요 네 백성 중에서도 포악
한 자가 스스로 높아져서 환상을 이루려 할 것이나 그들이 도리어 걸려 넘
어지리라

15 이에 북방 왕은 와서 토성을 쌓고 견고한 성읍을 점령할 것이요 남방 군
대는 그를 당할 수 없으며 또 그가 택한 군대라도 그를 당할 힘이 없을 것
이므로

16 오직 와서 치는 자가 자기 마음대로 행하리니 그를 당할 사람이 없겠고 그
는 영화로운 땅에 설 것이요 그의 손에는 멸망이 있으리라

17 그가 결심하고 전국의 힘을 다하여 이르렀다가 그와 화친할 것이요 또 여자
의 딸을 그에게 주어 그의 나라를 망하게 하려 할 것이나 이루지 못하리니
그에게 무익하리라

18 그 후에 그가 그의 얼굴을 바닷가로 돌려 많이 점령할 것이나 한 장군이 나
타나 그의 정복을 그치게 하고 그 수치를 그에게로 돌릴 것이므로

19 그가 드디어 그 얼굴을 돌려 자기 땅 산성들로 향할 것이나 거쳐 넘어지고
다시는 보이지 아니하리라

비천한 북방 왕

20 그 왕위를 이을 자가 압제자를 그 나라의 아름다운 곳으로 두루 다니게 할
것이나 그는 분노함이나 싸움이 없이 몇 날이 못 되어 망할 것이요

21 또 그의 왕위를 이을 자는 한 비천한 사람이라 나라의 영광을 그에게 주지
아니할 것이나 그가 평안한 때를 타서 속임수로 그 나라를 얻을 것이며

년 월 일

22 넘치는 물 같은 군대가 그에게 넘침으로 말미암아 패할 것이요 동맹한 왕도
그렇게 될 것이며
23 그와 약조한 후에 그는 거짓을 행하여 올라올 것이요 소수의 백성을 가지고
세력을 얻을 것이며
24 그가 평안한 때에 그 지방의 가장 기름진 곳에 들어와서 그의 조상들과 조
상들의 조상이 행하지 못하던 것을 행할 것이요 그는 노략하고 탈취한 재물
을 무리에게 흩어 주며 계략을 세워 얼마 동안 산성들을 칠 것인데 때가 이
르기까지 그리하리라
25 그가 그의 힘을 떨치며 용기를 다하여 큰 군대를 거느리고 남방 왕을 칠 것
이요 남방 왕도 심히 크고 강한 군대를 거느리고 맞아 싸울 것이나 능히 당
하지 못하리니 이는 그들이 계략을 세워 그를 침이니라
26 그의 음식을 먹는 자들이 그를 멸하리니 그의 군대가 흩어질 것이요 많은
사람이 엎드러져 죽으리라
27 이 두 왕이 마음에 서로 해하고자 하여 한 밥상에 앉았을 때에 거짓말을 할
것이라 일이 형통하지 못하리니 이는 아직 때가 이르지 아니하였으므로 그
일이 이루어지지 아니할 것임이니라
28 북방 왕은 많은 재물을 가지고 본국으로 돌아가리니 그는 마음으로 거룩한
언약을 거스르며 자기 마음대로 행하고 본토로 돌아갈 것이며
29 작정된 기한에 그가 다시 나와서 남방에 이를 것이나 이번이 그 전번만 못
하리니
30 이는 깃딤의 배들이 이르러 그를 칠 것임이라 그가 낙심하고 돌아가면서 맺
은 거룩한 언약에 분노하였고 자기 땅에 돌아가서는 맺은 거룩한 언약을 배
반하는 자들을 살필 것이며
31 군대는 그의 편에 서서 성소 곧 견고한 곳을 더럽히며 매일 드리는 제사를
폐하며 멸망하게 하는 가증한 것을 세울 것이며

년 월 일

32 그가 또 언약을 배반하고 악행하는 자를 속임수로 타락시킬 것이나 오직 자
기의 하나님을 아는 백성은 강하여 용맹을 떨치리라
33 백성 중에 지혜로운 자들이 많은 사람을 가르칠 것이나 그들이 칼날과 불꽃
과 사로잡힘과 약탈을 당하여 여러 날 동안 몰락하리라
34 그들이 몰락할 때에 도움을 조금 얻을 것이나 많은 사람들이 속임수로 그들
과 결합할 것이며
35 또 그들 중 지혜로운 자 몇 사람이 몰락하여 무리 중에서 연단을 받아 정결
하게 되며 희게 되어 마지막 때까지 이르게 하리니 이는 아직 정한 기한이
남았음이라
36 그 왕은 자기 마음대로 행하며 스스로 높여 모든 신보다 크다 하며 비상한
말로 신들의 신을 대적하며 형통하기를 분노하심이 그칠 때까지 하리니 이
는 그 작정된 일을 반드시 이룰 것임이라
37 그가 모든 것보다 스스로 크다 하고 그의 조상들의 신들과 여자들이 흠모하
는 것을 돌아보지 아니하며 어떤 신도 돌아보지 아니하고
38 그 대신에 강한 신을 공경할 것이요 또 그의 조상들이 알지 못하던 신에게
금 은 보석과 보물을 드려 공경할 것이며
39 그는 이방신을 힘입어 크게 견고한 산성들을 점령할 것이요 무릇 그를 안다
하는 자에게는 영광을 더하여 여러 백성을 다스리게도 하며 그에게서 뇌물
을 받고 땅을 나눠 주기도 하리라
40 마지막 때에 남방 왕이 그와 힘을 겨룰 것이나 북방 왕이 병거와 마병과 많
은 배로 회오리바람처럼 그에게로 마주 와서 그 여러 나라에 침공하여 물이
넘침 같이 지나갈 것이요
41 그가 또 영화로운 땅에 들어갈 것이요 많은 나라를 패망하게 할 것이나 오
직 에돔과 모압과 암몬 자손의 지도자들은 그의 손에서 벗어나리라
42 그가 여러 나라들에 그의 손을 펴리니 애굽 땅도 면하지 못할 것이니

43 그가 권세로 애굽의 금 은과 모든 보물을 차지할 것이요 리비아 사람과 구
스 사람이 그의 시종이 되리라
44 그러나 동북에서부터 소문이 이르러 그를 번민하게 하므로 그가 분노하여
나가서 많은 무리를 다 죽이며 멸망시키고자 할 것이요
45 그가 장막 궁전을 바다와 영화롭고 거룩한 산 사이에 세울 것이나 그의 종
말이 이르리니 도와 줄 자가 없으리라

12장

끝날

1 그 때에 네 민족을 호위하는 큰 군주 미가엘이 일어날 것이요 또 환난이 있
으리니 이는 개국 이래로 그 때까지 없던 환난일 것이며 그 때에 네 백성 중
책에 기록된 모든 자가 구원을 받을 것이라
2 땅의 티끌 가운데에서 자는 자 중에서 많은 사람이 깨어나 영생을 받는 자
도 있겠고 수치를 당하여서 영원히 부끄러움을 당할 자도 있을 것이며
3 지혜 있는 자는 궁창의 빛과 같이 빛날 것이요 많은 사람을 옳은 데로 돌아
오게 한 자는 별과 같이 영원토록 빛나리라
4 다니엘아 마지막 때까지 이 말을 간수하고 이 글을 봉함하라 많은 사람이
빨리 왕래하며 지식이 더하리라
5 나 다니엘이 본즉 다른 두 사람이 있어 하나는 강 이쪽 언덕에 섰고 하나는
강 저쪽 언덕에 섰더니
6 그 중에 하나가 세마포 옷을 입은 자 곧 강물 위쪽에 있는 자에게 이르되 이
놀라운 일의 끝이 어느 때까지냐 하더라
7 내가 들은즉 그 세마포 옷을 입고 강물 위쪽에 있는 자가 자기의 좌우 손을
들어 하늘을 향하여 영원히 살아 계시는 이를 가리켜 맹세하여 이르되 반드
시 한 때 두 때 반 때를 지나서 성도의 권세가 다 깨지기까지이니 그렇게 되
면 이 모든 일이 다 끝나리라 하더라
8 내가 듣고도 깨닫지 못한지라 내가 이르되 내 주여 이 모든 일의 결국이 어
떠하겠나이까 하니
9 그가 이르되 다니엘아 갈지어다 이 말은 마지막 때까지 간수하고 봉함할 것
임이니라
10 많은 사람이 연단을 받아 스스로 정결하게 하며 희게 할 것이나 악한 사람
은 악을 행하리니 악한 자는 아무것도 깨닫지 못하되 오직 지혜 있는 자는
깨달으리라

년 월 일

11 매일 드리는 제사를 폐하며 멸망하게 할 가증한 것을 세울 때부터 천이백구
십 일을 지낼 것이요

12 기다려서 천삼백삼십오 일까지 이르는 그 사람은 복이 있으리라

13 너는 가서 마지막을 기다리라 이는 네가 평안히 쉬다가 끝날에는 네 몫을
누릴 것임이라

년 월 일

쓰다 시리즈 - 31

다니엘.쓰다
DANIEL WRITE

펴낸곳 에이프릴지저스
엮은이 에이프릴지저스 편집부

등 록 제2019-000161호
주 소 경기도 고양시 일산서구 주화로 180
전 화 031)908-3432 팩스 0504-230-0965
이메일 apriljesus2017@gmail.com

ISBN 979-11-90850-40-7 04230
ISBN 979-11-968349-3-7 04230(set)
값은 뒤표지에 있습니다. 잘못된 책은 바꿔 드립니다.

홈페이지 www.apriljesus.com
인스타그램 instagram.com/apriljesus

에이프릴지저스